玩字卡·教中文(1)

Teaching Chinese
with Flash Cards

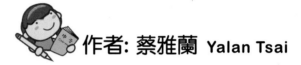 作者: 蔡雅蘭 Yalan Tsai

- 教室佈置
- 問候語
- 聲調
- 上課
- 數字
- 顏色

快樂教 · 歡樂學

教書這十幾年來，深深地體會到學生對學習是否充滿期待與熱情不僅直接影響到學習成果，也間接地影響到學生將來學習中文的態度。尤其第二語言的學習是需要不斷大量反覆練習累積，才能將陌生的語言內化之後應用。如何引起學生的學習動機，讓學生願意主動學習，對老師來說不只是一項義務，也是一種挑戰。這些年許多成功失敗的教學經驗，讓筆者漸漸發展出一些能在上課中，同時兼顧學習趣味和上課效率的教學策略和方法，讓反覆聽說練習不再枯燥乏味。字圖卡的應用便是其中之一。教學時，利用字圖卡加上一些小小的教學道具，不僅能讓教學過程充滿歡樂，學生也在每個有目的的遊戲挑戰中，不知不覺地聽說了許多中文，達到寓教於樂的目的。

筆者相信許多老師都了解字圖卡在中文教學的重要性，也常常聽說老師們因為準備教材，在電腦前熬夜搜尋適合的圖片。筆者非常幸運能自己繪製教學用所需的圖卡，因此將歷年來所製作的字圖卡分類整理成數個主題單元，附上可配合應用的字圖卡遊戲，希望和所有老師分享交流，

使用字圖卡教學的要點：

1. 有足夠的字圖卡給學生使用。
2. 依學生人數，學生狀況和遊戲方式分組，將程度高和低者放在同一組。每次上課或每次遊戲都重新分組。
3. 老師每次出題時可調整問題難易度，讓程度較高的學生有新的挑戰，程度較低的學生能有反覆練習的機會。
4. 公開在黑板上計分，並注意計分公平性。
5. 學生自信心的建立非常重要，注意每位學生的表現，適時給予鼓勵。
6. 教導學生尊重愛惜字圖卡，營造一個惜人惜物的教學環境。
7. 許多事物都可以拿來和字圖卡配合教學：球，筷子，夾子....等。期待老師們無限的創意讓教學更加精彩！

希望這本字圖卡＋遊戲工具書，能夠成為老師們在教學上的小小幫手！
歡迎大家的迴響及建議，聯絡信箱：ying@dailynoodles.com

如何使用這本書

剪

將整本書拆開後，沿線剪下字(圖)卡。遊戲頁可放入透明文件夾內。

護貝

護背膜有不同厚度，5mm是較適合的厚度。

貼磁鐵

一張字(圖)卡貼上一或兩片軟磁鐵。正面角落也可貼上磁鐵。

字圖卡遊戲

實用小道具

骰子
哨子

計時器
槌子

蒼蠅拍
黏黏球

磁鐵
小呼拉圈

Spinzone磁鐵箭頭
手電筒

綜合遊戲: 適用於各類主題單元,可依學生人數分組計分

1. 拍拍樂　字圖卡放在地上或貼在板上,老師或學生說字詞,兩個學生用手、蒼蠅拍或塑膠槌子拍打聽到的字詞,先拍到者得分。

2. 丟丟樂　字圖卡放在地上或貼在板上,老師或學生說字詞,學生丟黏黏球或沙包,先丟中者得分。

3. 大富翁　把主題字圖卡連成 ☐ 或 ☰,用數個彩色磁鐵當棋子,學生輪流丟骰子決定走幾步,最快到達終點者得分。(依學生人數分組或不分組)

4. 快舉手　老師或學生選一張字圖卡問 "這是什麼?",學生最先舉手並正確回答者可拿字圖卡。

5. 我記得　字圖卡正面貼磁鐵,將字圖卡排成九宮格,先讓學生看有哪些字圖卡並複習後。字圖卡翻到背面再讓學生輪流猜哪個位置是什麼字圖卡,正確回答者得分。

6. 猜猜看　字圖卡正面貼磁鐵,先讓學生看有哪些字圖卡後,把字圖卡翻面隨意放在地上或貼在板上,請學生輪流猜哪一張是什麼字圖卡。

7. 搶圖卡　把各种不同的字图卡散在地上, 记时比赛。学生只能拿规定的字图卡, 拿错倒扣分数。

8. 來鬥牛　每組輪流派一位學生出來,老師把字圖卡夾在學生身後,雙方在時間內,誰先看到對方的字圖卡,並說出正確名稱者得分。

9. 對對碰　放音樂或數到三十,學生們需要在時間內找到配對的字圖卡。

10. 在這裡　學生圍成一圈輪流拿字卡,音樂停後,誰拿到老師要的字圖卡,舉手說出字圖卡名稱。

11. 小偵探　每組輪流派一位學生當小偵探,到教室外等待,把一張字圖卡藏在某處或一位學生的身後。請小偵探進來,全班一起念藏起來字圖卡的名稱,先小聲念,小偵探越靠近字圖卡時,聲音就越大,小偵探在時間內找到字圖卡得分。

12. 踩字卡　將字圖卡在地上圍成一大圈,每組各派一個人站在圈外,老師或學生說出想要的字圖卡名稱,哪位學生最快踩在正確字圖卡上得分。

13. 轉轉轉　在黑板上畫兩個大圈並分成幾等份,外圈寫上數字(0~3......),內圈放字圖卡,中間放上磁鐵旋轉箭頭,學生分組輪流轉箭頭,轉到後要說出正確字圖卡名稱,便可得到字圖卡外圈的分數。老師可設定一個分數,最先到達目標的組別獲勝。

14. 爆炸了　　把小字圖卡放進大罐子裡，學生輪流拿出字圖卡並說出名稱，正確者可保留字圖卡。拿到 ⬤ 炸彈者要還回所有字圖卡，玩到罐子裡沒有卡為止。越多字圖卡者贏。

15. 對或錯　　老師依序念字圖卡，學生注意老師是否念錯，發現老師念錯，最快舉手說出正確答案者得分。

16. 大風吹　　把幾張重複字圖卡分給學生，可一次吹兩種以上不同種類的字圖卡。學生也可有一張以上的字圖卡，增加遊戲難度。

17. 我喜歡　　學生排隊選他們喜歡的字卡，第一個學生說我喜歡(字卡名稱)，第二學生重複第一個學生說的，再加上自己的字卡，以此類推，記得所有名稱的學生得分。

18. 抓到了　　請兩位學生牽手舉高搭橋，其他學生一邊唱最近正在學的兒歌，一邊當火車排隊穿過。老師隨機喊停，橋馬上放下，被橋抓到的學生說出老師指定的字圖卡，正確回答者得分。

19. 一樣嗎　　複習一遍字卡後，將字卡放進袋子或箱子裡，學生依序上來摸字卡。摸前先說想要得到的字卡(我想要……)，摸出後要說出字卡名稱，但要跟想的一樣才能得分。

數字

1. 多少錢　　老師將教室一些物品定價，請學生猜價錢，答對者可有字卡。

2. 是什麼　　老師或學生藏起一張數字卡，其他學生舉手猜數字，答對者可有字卡。

3. 加加看　　老師拿一張數字卡，學生舉手回答可讓總和到十的數字，並選出正確的數字卡。例如老師拿三，學生要說七，並拿七的字卡才能得分。

4. 減減看　　老師隨機拿兩張數字卡，學生舉手回答兩個數字相減後的答案，並選出正確的數字卡。例如老師拿五和三，學生要說二，並拿二的字卡才能得分。

5. 比比看　　請一個學生上台，老師輕聲告訴他一個數字。台上學生不可出聲，但需表演這個數字的中文寫法讓大家猜。

6. 寫寫看　　同上，但用屁股寫字。

7. 猜猜猜　　老師將字卡放進紙袋中，或用書遮住，一次只露出一點讓學生看，最先舉手說出答案的學生得分。

顏色

1. 拍氣球　　將色卡貼在板上，給學生不同顏色氣球，學生邊說顏色，邊將氣球拍到相應的色卡上。

2. 走圈圈　　每個學生各拿一張色卡，並把色卡圍成一個大圈，老師播放音樂，學生繞著色卡走。老師隨機吹哨子，學生聽到哨音後站定在前面的色卡上，輪流說出色卡名稱。建議加入完整句子; 例如；這是紅色，我喜歡紅色…等。

3. 什麼顏色　老師藏起一張色卡，學生依序問老師 "是紅色嗎？"，"是綠色嗎？"

4. OOXX　　老師在黑板上畫一個大的井字，並將不同色卡放進井字內。學生分兩組玩井字遊戲。學生說出想畫的顏色名稱後才可畫OX。

5. 英翻中　　老師說學生母語的顏色名稱，學生到黑板上找出老師要顏色，並說出中文名稱。

6. 照到了　　將教室燈關掉。老師站在學生身後拿兩隻手電筒，一隻照黑板上的色卡，一隻照學生，被照到的學生回答色卡名稱。

我要去廁所

我要喝水

我不舒服

請你講

來

起

站叫

下

乘

請問

鈴鼓　鈴鼓

共鳴　鈴鼓　鈴鼓

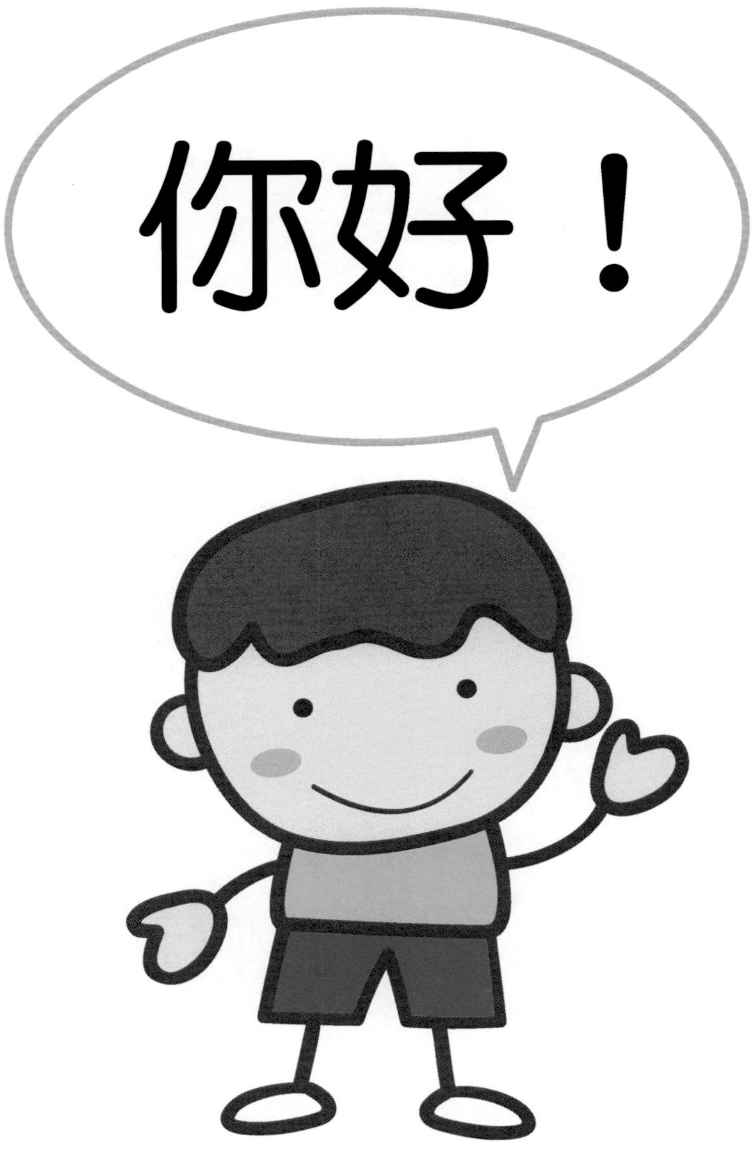
你好！

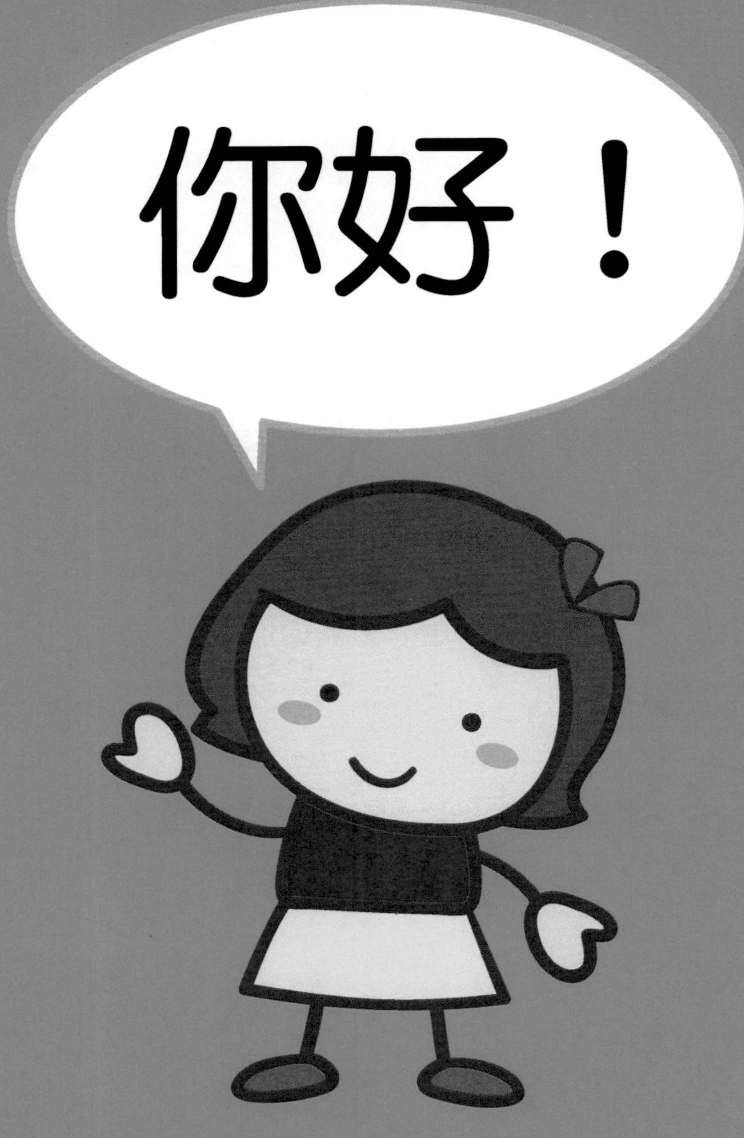
你好！

小朋友好！

老師好！

你好你

ˊ é

ˇ ě

ˋ è

‾ ē

ˊ í

ˇ ǐ

ˋ ì

‾ ī

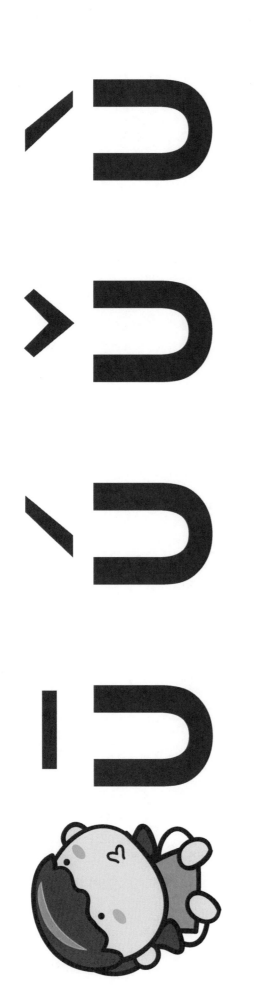

mā

má

mǎ

mà

ma

老師

小朋友

膠水

紙

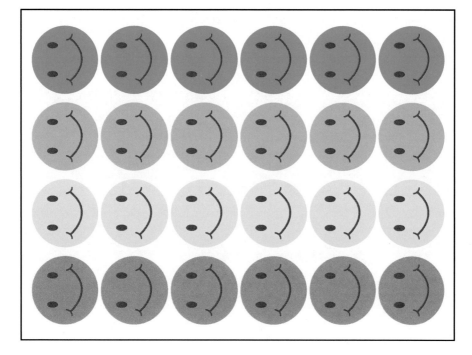

貼紙

剪刀

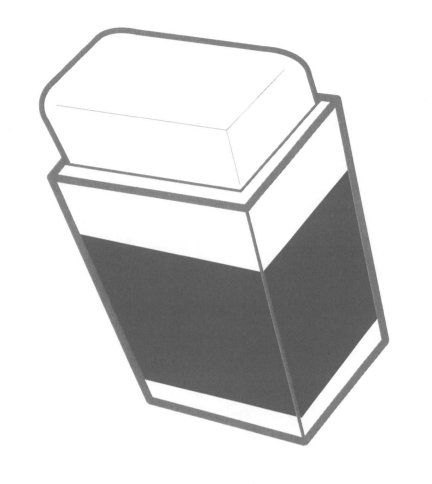

橡皮擦

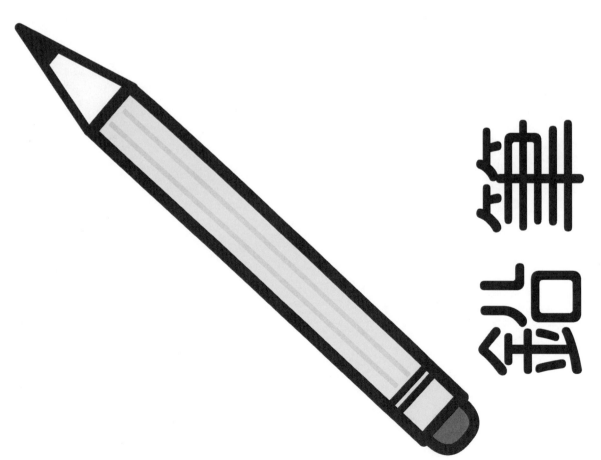

鉛筆

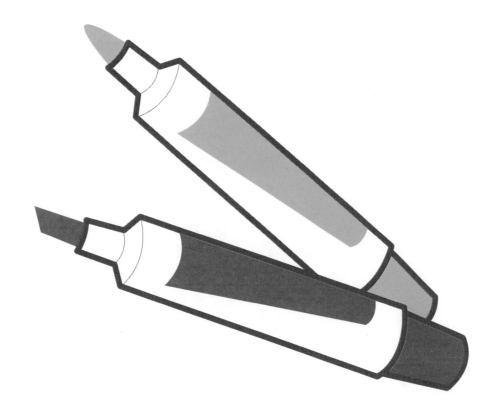

彩色筆

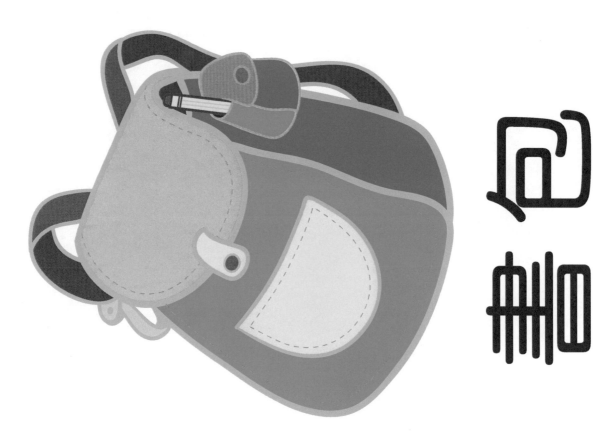

書包

老師

老師

小朋友

小朋友

膠水

膠水

紙

紙

貼紙

貼紙

剪刀

剪刀

橡皮

橡皮

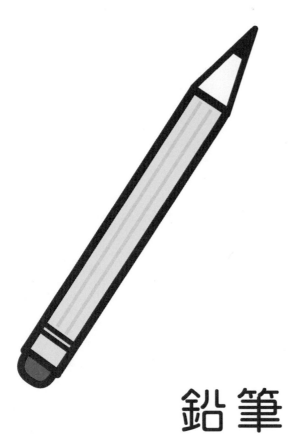

鉛筆

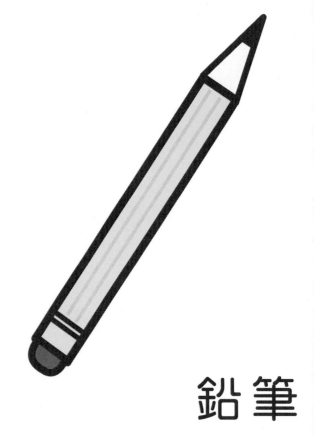

鉛筆

書

書

蠟筆

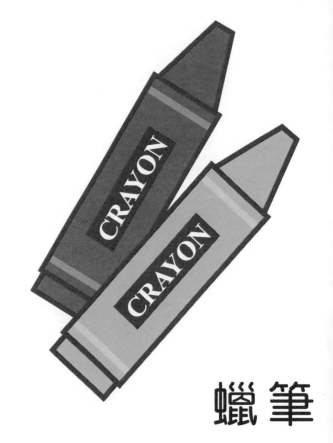

蠟筆

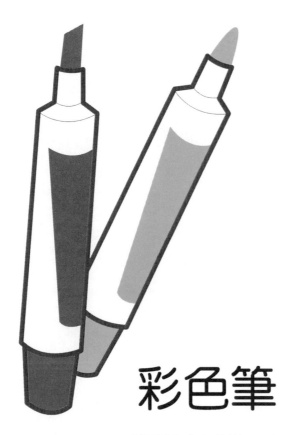

彩色筆

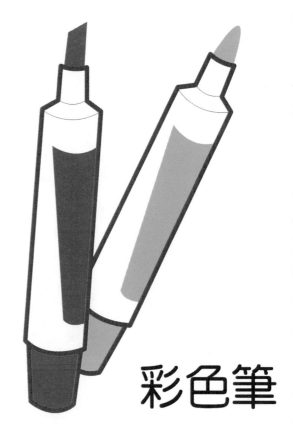

彩色筆

書包

書包

爆 再一張

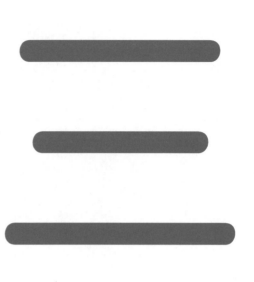

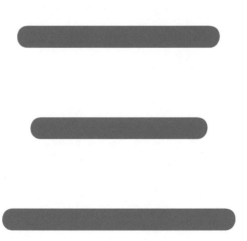

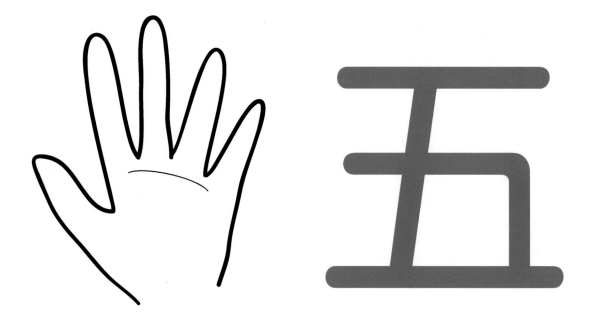

五

五 五

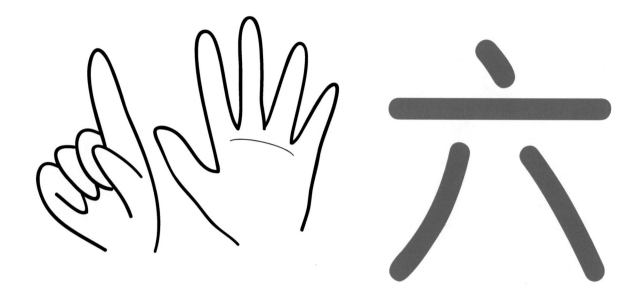

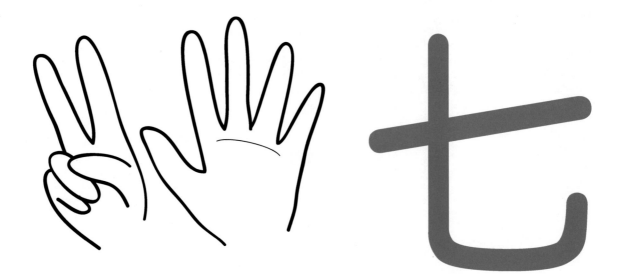

七

七

七

八

八

八

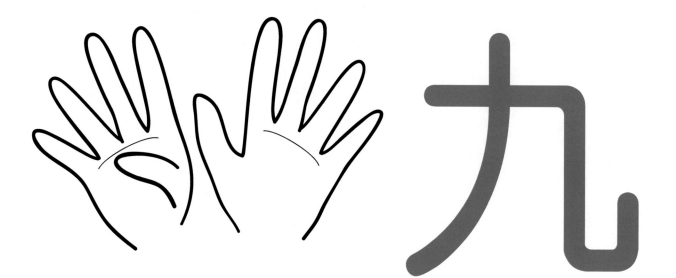

九

九

九

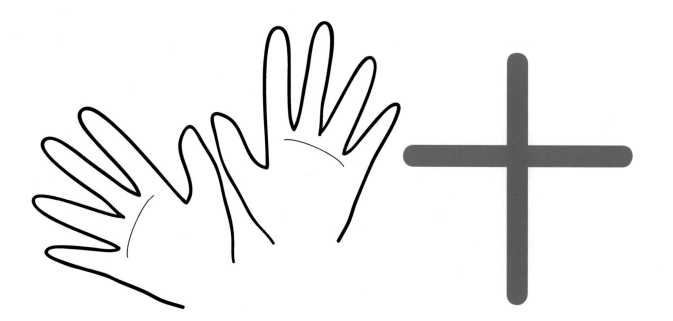

六	七	三	四	五
六	七	八	九	十
一	二	三	四	五
六	七	爆	再一張	十
一	二	三	四	五
六	七	八	九	十
一	二	三	四	五
六	七	八	九	十

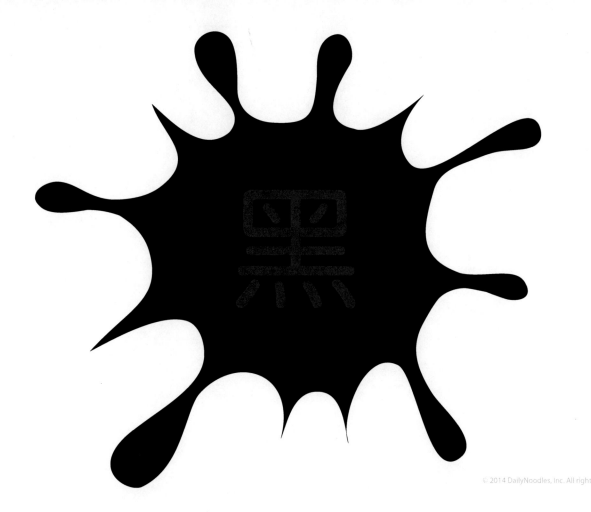

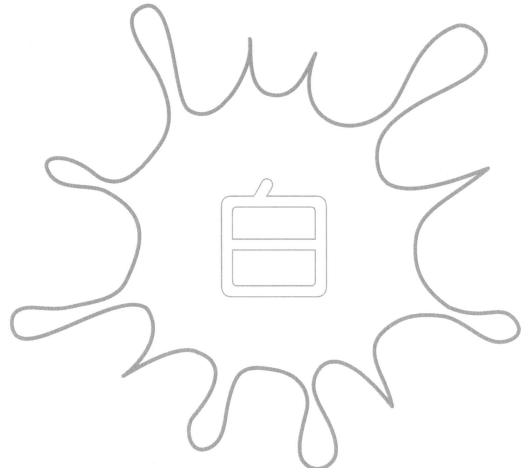

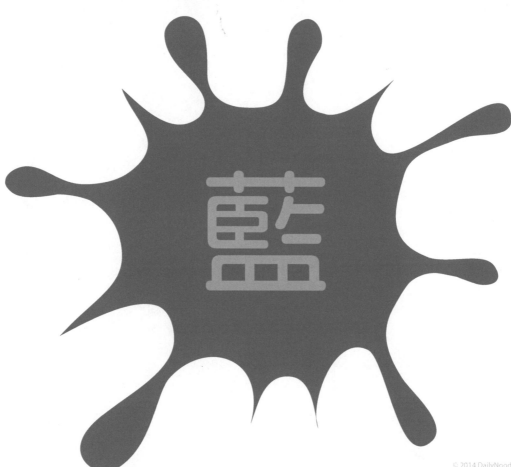

咖啡

粉紅

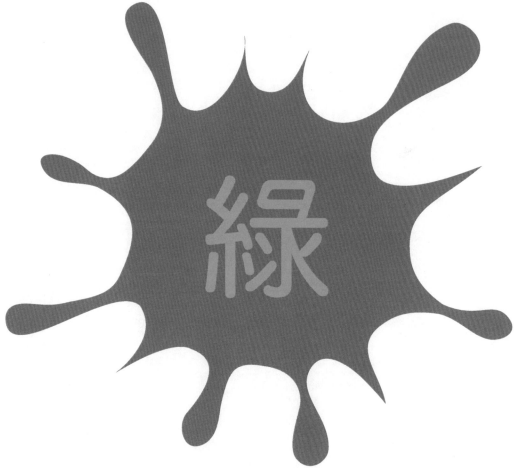

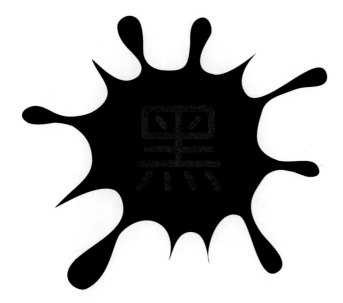

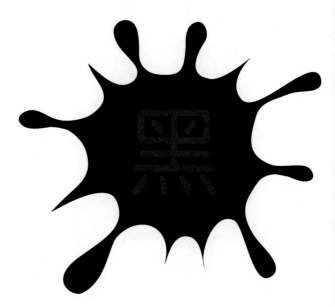

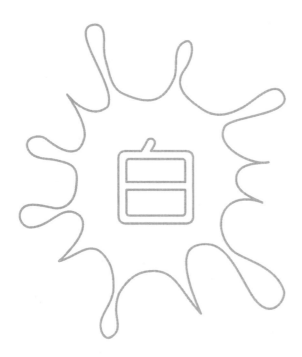

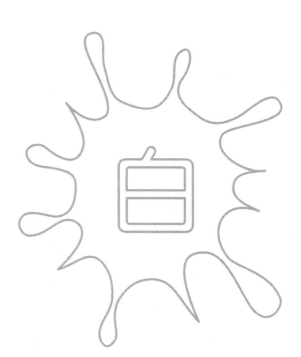

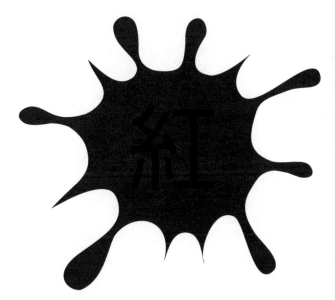

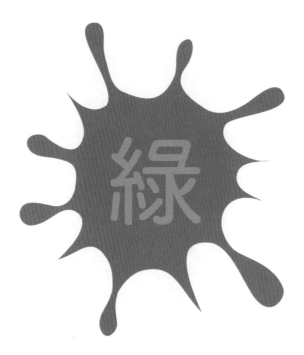

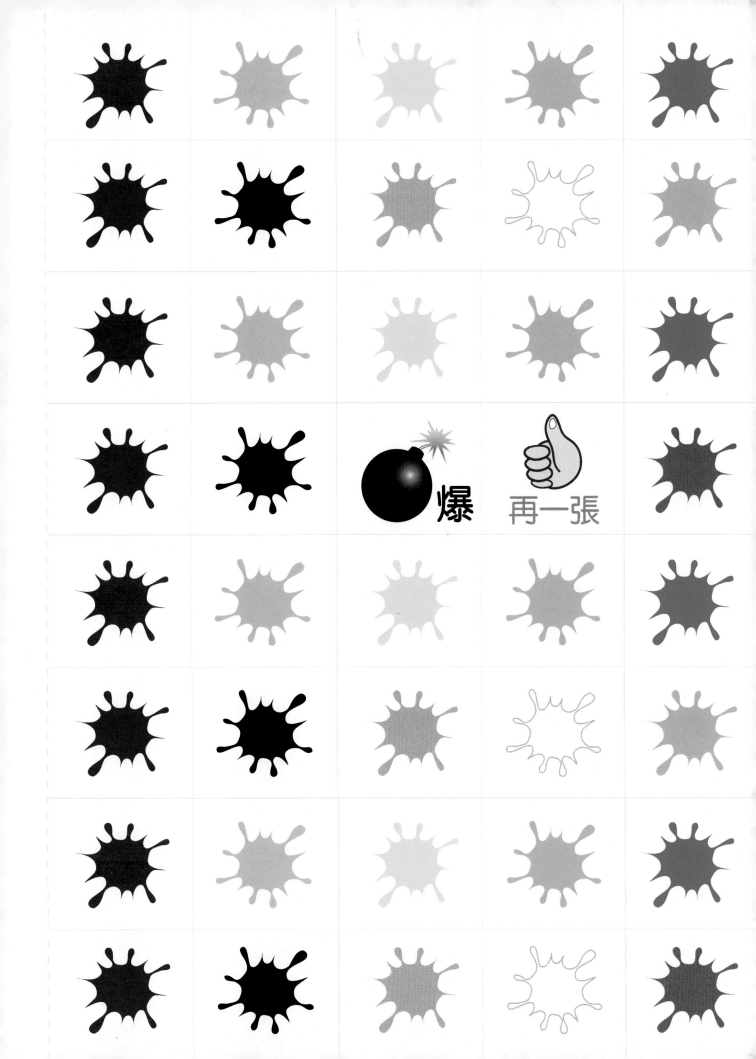

Made in the USA
Lexington, KY
09 March 2019